Verrückte vom Mars

Erik Fennel

Writat

Diese Ausgabe erschien im Jahr 2023

ISBN: 9789358810844

Herausgegeben von
Writat
E-Mail: info@writat.com

Wahnsinnige vom Mars

Von ERIK FENNEL

Die ganze Zeit über haben wir wie ein ganzer Käfig voller Mäuse geschwiegen. Und das aus gutem Grund. Während während des Großen Schreckens alle befürchteten, das Ausschluss-Ultimatum bedeute, dass die Marsianer einen interplanetaren Krieg wollten, wären die Erdregierungen nur allzu bereit gewesen, aufzuhängen, zu schießen, zu erstechen, zu vergasen, durch Stromschläge zu töten, einzufrieren, zu verbrennen, zu vergiften, aufzuspießen und/oder zu töten. oder die heimtückischen Täter, die dafür verantwortlich sind, zu fenstern. Wenn sie hätten herausfinden können, wer wem was angetan hat. Damals wussten sie nichts von Marties – und tun es immer noch nicht.

Aber wir haben Glück. Die Marties erklärten nie, warum sie ihre Kulturbotschafter zu Hause nannten, die Raumfahrt aufgaben, den Luminophon- Kontakt abbrachen und Erdenmenschen und Erdschiffe vom Mars ausschlossen. Sie konnten es nicht, weil sie selbst nicht sicher waren, was passiert war. Und inmitten der Verwirrung auf der Erde entging der letzte Marstransit des Raumschiffs *Banshee* der offiziellen Aufmerksamkeit, was größtenteils an Pollys gesundem Menschenverstand lag, der Mike erkennen ließ, dass er besser seine große Klappe halten sollte. Unsere Geschichte hätte uns nur Ärger bereitet, selbst nachdem der Schrecken abgeklungen war.

Das alles ist zwar fünf Jahre her, aber wir hielten es immer noch für das Beste, still zu bleiben, als dieses ziemlich überraschende diplomatische Streben nach einer Wiederaufnahme der martio -terranischen Beziehungen erst vor Kurzem begann. Wir fünf waren der Ursache des Malignen Trägheitskomplexes näher als alle namhaften Psychologen, die seit seinem Verschwinden Bücher voller falscher Vermutungen geschrieben haben, und wir konnten keine Gefahr erkennen, dass er wieder aufflammen könnte. Mike war sich sicher, dass das Mars-Ding seinen Halt verloren hatte. Deshalb waren wir bereit, den neuen Vertrag einer Volksabstimmung zur Verfügung zu stellen, wie es bei allen interplanetaren Verträgen der Charta der Erdregierungen unterliegen muss, ohne unsere Ruder reinzustrecken oder unseren Hals rauszustrecken.

Aber letzte Nacht trafen Wild Bill Harrigan und ich auf Miu Tlenow , einen Katzenmenschen von der Nordvenus und erfahrenen Weltraumhüpfer, der gerade die venusianischen diplomatischen Vermittler für weitere Vertragsverhandlungen vom Mars zur Erde gebracht hatte.

Natürlich waren Bill und ich neugierig, was auf dem Mars gekocht wurde. Tlenow redete offen verwirrt, während Bill und ich uns ansahen und uns erinnerten.

Ich bin auf niemanden böse. Nicht einmal beim Ding. Mike schwört, dass das Ding keinen Schaden anrichten wollte und die Kulturbotschafter nicht anders konnten, und ich glaube ihm. Tatsächlich tun mir die armen Marties selbst ziemlich leid . Es muss hart für sie sein, mit sich selbst und untereinander leben zu müssen.

Marties wahrscheinlich „Akute virulente Massenburke-itis" nennen und darüber lachen. Aber die Psychos kennen Mike nicht so gut wie Bill und ich. Deshalb besteht Bill darauf, dass es unsere Pflicht als Erdenbürger ist, alles preiszugeben, und ich bin geneigt, dem zuzustimmen. Der Gedanke an einen ganzen Planeten voller Marties , die von Mikes Sinn für Humor besessen sind, ist entsetzlich.

Das zu sagen, sollte eigentlich Mikes Aufgabe sein – er ist der einzige Mensch, der jemals Kontakt mit dem Mars-Ding hatte –, aber er und Polly leben jetzt in Venus Central und der Professor ist jetzt da draußen und besucht seine Enkelkinder Mike Jr. und Bridget Dorrene. Ich stecke also fest. Aber ich denke immer noch, dass Bill selbst gewürfelt hat, als wir gewürfelt haben, um zu sehen, wer von uns das schreiben musste.

Der Malignant Inertia Complex entstand, als wir im Weltraum waren, und war bereits ziemlich weit verbreitet, als Bill, Mike und ich die *Banshee* von einem Venustransport holten, und während der drei Wochen, die wir damit verbrachten, uns auf den Marstransit vorzubereiten und die neueste Spezialausrüstung des Professors zu installieren Ich hatte ständig diese schleichenden Kerle . Das Leben in der Raumhafenstadt herrschte in einem sauren, stagnierenden Unterton. Ausnahmsweise war es in dem lauten Ort wirklich ruhig, sogar tot, und obwohl ein Dutzend Schiffe dort waren, war die Ursa-Major-Taverne fast menschenleer.

Tag und Nacht plapperte das Telaudio über den Komplex, hauptsächlich gelehrte Ärzte, die erklärten, es handele sich um ein rein psychologisches Phänomen, eine Art Hysterie, ausgelöst durch diesen, jenen und den anderen Faktor in einer Zivilisation, die sich zu schnell veränderte, als dass sich der menschliche Geist daran anpassen könnte.

Die meisten von ihnen waren davon überzeugt, dass die Krankheit bald von selbst heilen würde, doch hinter ihren siebenstrahligen Worten schienen sie selbst etwas unruhig zu sein. Und ich werde nie den besonders gebildeten Herrn vergessen, der mitten in seiner Rundfunkansprache einen Anfall erlitt. Er redete beruhigend, als seine Stimme plötzlich verstummte. Seine Augen wurden ganz glasig und sein Gesicht wirkte leer, und er saß da und starrte auf das Mikrofon, bis der Kontrollraum ihn unterbrach. Es hat mir Gänsehaut bereitet.

So war es überall auf der Erde. Jeden Tag erlebten immer mehr Menschen längere Phasen, in denen sie absolut nichts taten. Mit der organisierten Zivilisation wurde der Teufel in die Welt gesetzt, und niemand konnte etwas dagegen tun. Und das Schlimmste war, dass es den Opfern anscheinend nichts ausmachte. Alles verlangsamte sich, und das machte es sehr schwierig, mit den Unternehmen Geschäfte zu machen, die unsere Vorräte lieferten. Die Menschen verhielten sich immer mehr wie Zombies – oder Marsmenschen. Aber niemand dachte daran, den Komplex mit den Kulturgesandten zu verbinden.

Das Ganze traf mich genau in meiner Haustierphobie.

Dann war es ein stürmischer Morgen, und ich versuchte, meine Gedanken von meiner Phobie und diesen nagenden Ängsten abzulenken, die nichts mit Weltraumhüpfen zu tun hatten. Ich habe den Professor im Kontrollraum *der Banshee in die Enge getrieben.*

„Der Stromverbrauch Ihres Widgets macht mir Sorgen", beschwerte ich mich. „Die Sekundärteile sind bereits überlastet."

Als Pilot-Ingenieur war ich für die Energie verantwortlich.

Professor Tim Harrigan sah sich um, aber nicht auf seine übliche schnelle, vogelartige Art, und seine Augen waren stumpf.

„Es tut mir leid, Olsen." Seine Stimme klang, als würde etwas fehlen. „Ich habe es noch nicht geschafft, den Eingangsbedarf zu reduzieren. Die Schaltungsänderungen bleiben mir immer wieder verborgen."

In mir begannen sich Würmer zu winden. Wenn der Professor mit seinem brillanten Gehirn den Komplex verstehen würde –

„Polly wird Mike sagen, er solle auf die Stromversorgung achten", versuchte er mich zu beruhigen.

Natürlich war Polly für die Bodenbearbeitung vorgesehen. Normalerweise tat sie es, wenn wir eine der Erfindungen des Professors testeten. In gewisser Weise war sie für ihn eher eine Partnerin als eine Tochter. Das Gerät im Labor des Professors war für sie eingerichtet, während der Hustic an Bord des Schiffes an Mikes Gehirnwellenmuster angepasst war.

Das ist richtig. Das, was wir auf dem Weg zum Mars testen wollten, war der Harrigan Unimodulate Subetheric Telepathic Interspatial Communicator. Ja, ich weiß, dass der Hustic offiziell erst fast ein Jahr später erfunden wurde. Es war eine unserer Sicherheitsmaßnahmen, es nach dem, was es getan hat, geheim zu halten. Wir befürchteten, jemand könnte zwei und zwei addieren und dafür sorgen, dass wir gehängt, erschossen, erstochen, gefenstert usw. werden.

Dieser erste Satz war eine sperrige, stromfressende, löt- und spuckende Arbeit, die sich stark von den perfektionierten, narrensicheren Universal-Transceivern unterschied, die mittlerweile die ungeschickten alten Luminophone auf allen interplanetaren Routen ersetzt haben.

Terence Michael Burke, unser rothaariger Astrogator, stand so nah wie möglich an Polly und zitierte aus dem Glanz seiner Augen weitere seiner abscheulichen romantischen Gedichte. Aber sie reagierte nicht wie üblich. Nicht einmal erröten. Sie stand einfach da und sah blass und fahl aus, innerlich erstarrt. Typische Symptome des Komplexes, die mich zusammenzucken ließen.

Mike sah sich um, übersah etwas und drehte sich zu mir um.

„Wo hast du meine Bücher hingelegt?" er forderte an.

„Frachtraum", knurrte ich ihn an. „Diesen Platz musste ich für den Hustic-Modulator nutzen."

„Barbarischer Vierkant !" er schrie.

„Wenn du wie ein Mensch einschlafen würdest –!" Ich schrie sofort zurück. Bei den Wilsons war es noch nicht so weit, aber meine Nerven spannten sich schon vor Vorfreude an.

„Komm schon, Polly", sagte er. Doch sie folgte ihm erst, als er ihre Hand nahm.

Mike wurde in San Francisco geboren, ist aber ein professioneller Ire. Rote Iren. Und ein äußerst mieser Dichter. Hatte ein Bild von sich selbst als dem spirituellen Nachkommen von Fin McCool und Francois Villon und Robin Hood und Sir Henry Morgan und all den anderen Dichter-Abenteurern und Unruhestiftern der Geschichte. Er war einer dieser Romantiker – und ist es immer noch.

Als er und Polly ein paar Minuten später zurückkamen, hatte er seine Büchertasche unter dem Arm, einen Lippenstiftfleck auf seinem Mund und einen besorgten Gesichtsausdruck. Das war ungewöhnlich. Normalerweise war Mike zu schlampig , um sich um irgendetwas Sorgen zu machen. Auf

Pollys viel hübscherem Gesicht war überhaupt kein Ausdruck zu erkennen. Und das war alles falsch.

Wild Bill, Professor Harrigans jüngerer, aber größerer Bruder und Kapitän der *Banshee* , kam von der Überprüfung des Antriebsraums herauf.

„Abschlusstests", sagte er.

Also bauten wir die Sekundärteile auf, bis das ganze Schiff vor lauter Lärm heulte und kreischte. Als die Nadeln dann übergingen, ohne dass ein Strahlungsaustritt angezeigt wurde, schalteten wir sie wieder auf Leerlauf.

Polly war aus ihrer Benommenheit erwacht und klammerte sich an Mike.

„Ich habe Angst", schrie sie ihm ins Ohr, ohne zu bemerken, dass der Lärm verstummt war. „Denke mir schöne Gedanken zum Hustic , mein liebster Michael."

Mikes Arme schlossen sich fester um sie. „Natürlich meine einzige Liebe, Perle meines Universums und Leitstern meines Lebens. Jeden Tag."

Mir gefiel dieses „alltägliche" Zeug nicht. Ich habe es nie gebilligt, Sekundäraggregate bis zum Limit auszulasten. Doch bevor ich etwas sagen konnte, warf Bill einen Blick auf den Chronometer.

„Raus und Hund runter", befahl er.

Mike packte Polly und küsste sie ausgiebig, aber sie war wieder in Trance verfallen und er hätte genauso gut eine Stoffpuppe küssen können. Das war auch alles falsch. Normalerweise war sie überhaupt nicht so, nicht gegenüber Mike. Schließlich schüttelte der Professor den Kopf, als würde er einen geistigen Nebel vertreiben, packte seine Tochter und führte sie durch die Luftschleuse hinaus.

Draußen, am Rande des Raumhafens, beobachtete einer der marsianischen Kulturgesandten. Ich schaue nur zu. Soweit Bill und ich sehen konnten, als wir an der schweren runden Tür zogen, war er weder begeistert noch besonders interessiert an der *Banshee , die bald zu seinem Heimatplaneten aufbrechen würde.* Ich stehe einfach da, als wollte ich gerade Wurzeln schlagen. Das sind alle dreihundert Kulturbotschafter, die vor ein paar Monaten vom Mars eingetroffen waren. Stand herum.

Das ist alles, was die Marties auch auf dem Mars getan haben. Die ersten Erdenmenschen, die auf dem Roten Planeten landeten, hielten die Martys wegen ihrer langsamen Reaktion für unglaublich langweilig und dumm. Sie begannen ihre Meinung nach ein paar Monaten Kontakt zu ändern, als die Marties unsere Raumschiffe kopierten, sie an ihre eigenen besonderen physischen Anforderungen anpassten und ein beunruhigendes Geschick im

Handel an den Tag legten. Dennoch waren ihre Gedanken fremd und wir verstanden sie nicht.

Als die rote Hand fünfzehn berührte, lag Bill Harrigan bereits in seinen Kissen und hatte eine Schlafmaske über seinem kantigen Gesicht. Ich beneidete ihn, aber es war an mir, den Stuhl zu verlassen. Mike befand sich im anderen Satz pneumatischer Kissen, aber er war nicht ausgegast. Er grinste mich an.

Dann kam die rote Hand direkt nach oben. Ich biss die Zähne zusammen und betätigte den Hauptgashebel des Multiplexers. Die sieben großen Wilsons schlugen lautlos zu und die *Banshee* ging aus.

Die ersten paar Schichten waren Routine. Böse, natürlich. Der einzig angenehme Teil der Raumfahrt, bevor die Halstead-Jenkins Mass Diminutors vor zwei Jahren die Wilson-Fahrer ersetzten, waren die Off-Schichten, bei denen man in die Kissen kriechen und das Schlafgas einschalten konnte. Jeder vernünftige und normale Raummann vergaste so oft wie möglich. Es war am sichersten.

Denn die Wilsons strahlten Überschall mit einer Frequenz aus, die irgendwo in der Nähe eines Fingernagels lag, der eine Tafel abkratzte. Nur millionenfach, milliardenfach verstärkt.

Deshalb war der Weltraum damals nicht überfüllt und einige der früheren Schiffe kamen nicht zurück. Wilsons hat etwas mit den Nerven und Gefühlen eines Mannes gemacht. Die Besatzung mag am Boden gute Freunde sein, aber die ständige Flut von Überschallwellen der Fahrer hat dazu geführt, dass sie sich gegenseitig hassen, solange sie unterwegs sind. Gelegentlich brach ein armer Kerl weit auf und stürzte sich ins All, und wenn das passierte, wollte das Opfer fast immer seine Mannschaftskameraden töten und die Kontrollen zerstören. Ohrstöpsel waren nutzlos, denn Überschall hört man nicht. Sie schleichen sich durch Ihre Poren ein, gelangen unter Ihre Zehennägel und sogar durch die Haare auf Ihrem Kopf. Sie kommen überall rein.

Immer wenn der Autotimer das Gas abschaltete und ich Wache halten musste, hatte ich immer das Gefühl, als würden mir alle Teufel der Hölle mit glühenden Elektrowerkzeugen auf die Nerven gehen . Es juckte mich innerlich und ich konnte den Juckreiz nicht erreichen, um mich zu kratzen. Aber daran war ich gewöhnt.

Dann zeigten die Messgeräte einer meiner Uhren einen starken Verbrauch der Sekundärbatterien an. Ich schrieb eine Notiz, in der ich Mike aufforderte, seine Testanrufe mit dem Hustic einzuschränken , und schrieb sie dann sechsmal um, damit sie nicht zu unangenehm klang. So läuft es, wenn Wilsons läuft.

Als ich das nächste Mal oben war, fand ich eine Skizze von mir selbst, wie ich die an der Schottwand befestigten Akkus saugte, und ein angebliches Gedicht, das größtenteils aus faulen Wortspielen bestand. Mikes Vorstellung von Humor.

Aus Neugier setzte ich den mit Elektroden besetzten Hustic- Helm auf und drehte das Gerät zum Empfang.

Wham! Sterne kreisten, Kometen zischten, undeutliche dunkle Formen glitten und kreisten, und Feuerbälle wuchsen und explodierten in Schauern bunter Funken.

Ich habe den Helm abgerissen. Aber schnell.

Es gibt wirklich keine Entschuldigung für das, was ich damals getan habe, außer dass ich nicht klar gedacht habe, und zehn Tage Überschall werden die ganze kleinliche Gemeinheit in jedem zum Vorschein bringen. Und ich dachte, dass der Professor ausnahmsweise den Anschluss verpasst hatte und der Hustic ein Volltreffer war . Es hat mich nicht zum Nachdenken gebracht. Nur so, und ich würde nicht so ein nutzloses Gerät haben, das die Energiepakete auf dem Weg zum Mars und zurück verbraucht. Ich habe vergessen, dass der erste Hustic nicht wie ein Radio oder diese neuen Universalmodelle war, die alle Raumschiffe mit sich führen. Dieses Versuchsset musste an das individuelle Gehirnwellenmuster des Bedieners angepasst werden. Aber daran konnte ich mich nicht erinnern.

Also habe ich eines der Stromkabel abgeklemmt und drei Teile entfernt. Eine gebogene Metallstange, ein kleiner Kondensator und die Abschirmung einer der komplizierten kleinen Röhren.

Ich schlief wieder ein und dachte, Mike würde mich wecken, um die Teile zu holen, und wir könnten hin und her Notizen schreiben, um die Angelegenheit zu klären, wobei ich völlig vergaß, wie stur er sein konnte.

Es war ein schmutziger Trick, aber jetzt bin ich froh, dass ich es getan habe. Es hat geholfen, die Erde zu retten.

Bevor ich ganz wach war, wusste ich, dass etwas wirklich nicht stimmte. Mike schüttelte mich grob und in seinen Augen lag ein wildes Leuchten. Ein Blick zeigte mir, dass er auch Bills Schlafmaske abgenommen hatte.

„—— —— ——!“ Mike schrie, aber ich konnte ihn natürlich nicht hören. Bei diesen Raumschiffen mit Wilson-Antrieb war es völlig unmöglich, zwischen Start und Landung zu sprechen.

Dann schob er mir ein Polster unter die Nase.

„MARTIANER ÜBERNEHMEN!!! DIE ERDE IN TÖDLICHER GEFAHR!!!“ er hatte geschrieben.

Kleine schleimige Käfer mit eiskalten, stacheligen Füßen marschierten an meinem Rücken auf und ab. Jeder Mann hat seine private, persönliche Phobie, etwas, das ihn in eine irrationale Panik versetzt, und ich war schon immer ein Wahnsinniger. Seit ich denken kann, hatte ich eine krankhafte Angst vor psychischen Störungen, weshalb mir der Maligne Trägheitskomplex so große Angst eingejagt hatte. Und jetzt wusste ich, dass die Überschallwellen Mike in den Wahnsinn getrieben hatten.

Ich glaubte keinen Moment, was er geschrieben hatte. Ich war schon einmal auf dem Mars und habe Marties in ihrer häuslichen Umgebung gesehen, langsam und lethargisch, völlig ohne Initiative, völlig unkriegerisch.

„DIE HANDLUNG ÜBER HUSTIC ENTDECKT“, kritzelte Mike.

Die Käfer auf meinem Rückgrat hörten auf zu paradieren und fingen an zu rennen. Ich schnappte mir das Pad.

„UNMÖGLICH“, schrieb ich. „HUSTIC FUNKTIONIERT NICHT. NICHT GUT. NICHT VERBUNDEN.“

Mike sprang in der leichten Schwerkraft durch die Kabine, zog sich geschickt an einem Handgriff hoch und hob die Abdeckung der Wähleinheit an. Dann rümpfte er mich mit der Nase.

Bill und ich haben es uns genau angesehen. Dieser störrische, verrückte Ire hatte einen neuen Riegel gebaut, um den zu ersetzen, den ich versteckt hatte, und eine leere Konservendose als Tubenschutz abgeschnitten.

„Muss umkehren, warne die Erde“, schrieb Mike. „DAS KULTURELLE –
“

Bill und ich sahen uns an. Ein Schiff während der Fahrt hin und her zu schwenken ist zwar möglich, aber weder sicher noch sinnvoll. Mike war kein schwächlicher Säugling und wir wussten, dass wir ihn holen mussten, bevor er wirklich gewalttätig wurde.

Mike las unsere Gesichter und wollte zurückweichen, aber er kam zu spät. Bill umarmte ihn bärenstark und ich streifte ihm eine Schlafmaske über das Gesicht. Er wehrte sich und versuchte, den Atem anzuhalten, aber das Gas erwischte ihn schließlich und er wurde schlaff.

Traurigerweise legten wir ihn in die pneumatischen Kissen und platzierten das Entlüftungsventil außerhalb seiner Reichweite. Nur wenige Opfer eines Weltraumangriffs erholten sich jemals, und uns beiden ging es ziemlich schlecht. Mike war drei Jahre lang mit uns im Weltraum geflogen, und trotz seiner Spinnereien gefiel uns die große Nase. Und wir wussten, dass Polly es furchtbar hart ertragen würde.

***

Der Rest des Transits dauerte für Bill und mich zwölf Uhr morgens und zwölf Uhr abends, und jede Minute, in der ich wach war, hatte ich Angst, ich könnte Mike durch die Lunacy Lane folgen. Oder dass er sich lösen könnte. Ein paar Mal haben wir ihn wach gemacht, aber jedes Mal waren wir froh, dass wir zusätzlichen Luftdruck in seine Kissen gebracht hatten. Er kämpfte, und als wir seine Lippen beobachteten, wussten wir, dass er immer noch tobte.

Die Berechnungen zur Landespirale brachten uns ins Schwitzen. Wir hatten die Astrogation Mike so sehr überlassen, dass wir eingerostet waren. Wir vermissten ihn noch mehr, als er Kontakt aufnahm. Ich musste sowohl mit den Gashebeln als auch mit dem Taschenrechner hantieren, während Bill den umständlichen Luminophon- Mechanismus übernahm. Es dauerte Stunden, den farbmodulierten Strahl auszurichten, und dann, in typischer Mars-Manier, weitere Stunden, bis sie mit einer Landefreigabe antworteten. Aber schließlich kroch die *Banshee in die rote Wüste direkt vor* T'lith , und als die Wilsons starben, wackelten Bill und ich mit den Fingern in unseren Ohren, um sie wieder in den Normalzustand zu versetzen.

Innerhalb weniger Minuten kamen ein Dutzend Marsmenschen aus den Bienenstockkuppeln ihrer Stadt auf uns zu. Sie kamen geradeaus, als würden sie auf vorgegebenen Linien gehen, nicht in Eile und nicht zurückbleibend, halbmenschlich in Umriss und Größe.

Ein paar hundert Fuß vom Schiff entfernt positionierten sie sich und begannen zu beobachten. Dann konnten wir ihre großen, facettierten Augen, ihre gerunzelten, dreilippigen Münder und die beiden stabförmigen Fühler sehen, die auf ihrer grünlichen Stirn langsam hin und her wedelten. Wir wussten damals nicht, warum sie zusahen oder wer – oder was – ihnen sagte, sie sollten zuschauen. Aber jedes Mal, wenn ein Raumschiff landete, waren ein Dutzend vor Ort und schauten passiv und distanziert zu, ohne Zustimmung oder Missbilligung. Sie sahen zu, so wie die Kulturbotschafter auf der Erde ein Auge auf alles hatten, was geschah, ohne eine einzige Frage zu stellen oder sich auf irgendeine für uns erkennbare Weise einzumischen.

Rhuditerz abholen wollten und Erdgeräte zum Austausch hätten. Sie gaben uns kein Zeichen, dass sie uns hörten, aber das hatten wir auch nicht erwartet.

Die Antwort, wenn überhaupt, würde Minuten oder sogar Stunden später kommen. Wir wussten nicht warum. Nicht dann. Wir hatten noch nie von dem Ding gehört.

Bill zog seinen Kopf wieder hinein und während wir warteten , stellten wir Mikes Schlafgas noch einmal ab. Diesmal hegten wir wirklich die leise Hoffnung, dass er nach dem Ausscheiden der Wilsons er selbst sein würde.

Aber seine ersten Worte waren: „Wollt ihr verdammten Idioten mich freilassen? Ich bin nicht verrückt! Wir müssen etwas tun, und zwar schnell. Verdammt, ich möchte nicht wie ein verdammter Martie sein! Das tun sie nicht." Spaß am Leben haben.

Er fing an zu strampeln und sich zu winden, also haben wir ihn erneut vergast. Es schien die einzig barmherzige Sache zu sein.

„Olsen", sagte Bill nachdenklich. „Wir können ihn nicht alleine lassen und einer von uns muss eine Ladung herbeischaffen."

„Du bist gewählt. Du kennst die Fachsprache besser als ich."

„Stört es dich nicht?"

Ich schnaubte. Ich war kein Erstbesucher, der unbedingt Sehenswürdigkeiten besichtigen musste. Die trostlosen Kuppeln von T'lith unterschieden sich nicht von denen von M'nu , V'rad oder einer der anderen Städte. Und die Marties selbst entsprachen nicht meiner Vorstellung von lustigen Gesellschaftern.

Also packte Bill die Satteltaschen des kleinen Sandbikes und machte sich stotternd auf den Weg, um Marties über andere Marties zu befragen, *die vielleicht wüssten, was Rhudit* sei , und vielleicht mit genügend geduldigem Hin und Her eine Methode preisgeben könnten, wie man einen Handel abschließt und an das Zeug kommt zu unserem Schiff. Und die Antwort auf jede Frage würde mindestens zehn Minuten dauern. Die dreihundert Kulturbotschafter waren auf der Erde zugelassen worden, weil sie davon ausgegangen waren, dass sie Ideen von der Erde aufgreifen könnten, die den Handel erleichtern würden. Zumindest war das die Geschichte, die die besonders nebulöse Marsregierung den Erdbehörden erzählt hatte.

Nachdem Bill gegangen war, überprüfte ich Mikes Puls. Durch die Überanästhesie wurde es etwas schwächer , und obwohl ich mich davor fürchtete, mit mir im Schiff wach zu werden, musste ich ihm erlauben, wieder zu Bewusstsein zu kommen.

Er starrte mich böse an und kämpfte gegen die pneumatischen Kissen, die ihn sanft, aber fest hielten.

"Du Narr!" er schwärmte. „Du abgrundtiefer Idiot! Ist dir nicht klar, dass du die Erde zu einer Ewigkeit der Martianisierung verurteilst ?"

Es bereitete mir ein mulmiges Gefühl, ihn so reden zu hören.

„Es gibt keinen Krieg", sagte ich beruhigend und versuchte, ihn zur Vernunft zu bringen. „Es ist alles in deinem Kopf. Wenn die Marsmenschen die Erde angreifen würden, wäre es nur logisch , dass sie uns hier und jetzt angreifen würden. Aber du wirst davon loskommen, wenn wir dich nach Hause bringen."

„Das ist kein Krieg dieser Art", beharrte er gereizt.

<hr>

Schließlich beruhigte er sich. Aber seine Augen, verrückt und wild, folgten mir weiter durch den Raum. Das hat mich so nervös gemacht, dass ich hinuntergegangen bin und an den Motoren herumgebastelt habe.

„Hey, Schwede!" Mikes Stimme erreichte mich nach einer Weile. "Ich habe Durst."

Also brachte ich ihm etwas zu trinken und fütterte ihn Stück für Stück mit einem Sandwich.

„Jetzt geht es mir gut", sagte er, als er fertig war. „Ich weiß, ich habe meinen Kopf vermasselt, aber ich bin damit fertig. Wie wär's, wenn du mich loslassen würdest?"

Ich schüttelte unglücklich den Kopf. Er widersprach nicht einmal.

„Wie wäre es dann, wenn du mir vorliest?"

"Was möchtest du?" Es war das Mindeste, was ich für den armen Kerl tun konnte.

Also habe ich einige von Donn Byrnes Büchern gelesen, die wie Prosa aussehen, in Wirklichkeit aber Poesie sind. Dann wollte er Shakespeares Sonette, aber als ich anfing zu lesen , rezitierte er sie aus dem Gedächtnis, seine Stimme war meiner ein halbes Wort voraus.

Er schlief eine Weile und später habe ich ihn wieder gefüttert. Er schien sich nun damit abgefunden zu haben, in den Kissen zu bleiben.

„Wie wäre es, wenn ich es noch einmal mit dem Hustic versuchen würde ?" er hat gefragt. „Der Professor wollte einen Planet-zu-Planet-Test, und das Helmkabel wird hierher reichen."

Ich zögerte und er starrte mich finster an.

„Ich weiß, dass das ganze Mars-Zeug eine Täuschung war", beharrte er. „Jetzt bin ich bei Verstand, aber wenn du es mir nicht ein für alle Mal beweisen lässt, könnte es sein, dass ich wieder aus dem Ruder laufe."

Das hat mich erwischt. Ich wollte sicher sein, dass er jede Chance hatte.

„Legen Sie die Teile zurück, die Sie herausgenommen haben", wies er an.

Ich tat. Dann habe ich ihm den Helm auf den Kopf geklebt und die Schläuche erwärmt.

„Senden", sagte er. Ich legte den Schalter nach oben und er lag konzentriert da.

„Empfangen", sagte er und sein Gesicht nahm einen *zuhörenden* Ausdruck an.

„Bitte ziehen Sie den Kinnriemen fest", forderte er. Ich tat es.

"Schicken." Mehr Konzentration.

"Erhalten."

Ein albernes Grinsen erschien auf seinem Gesicht.

„Es ist Polly", flüsterte er.

Das machte mich unruhig. Ich dachte, es wäre nur eine weitere Täuschung. Ich hatte den Hustic einmal ausprobiert und es hatte überhaupt nicht funktioniert.

„Sehen Sie", sagte ich. „Da drin sind keine Marsianer. Sie führen keinen Krieg auf der Erde."

„Hör auf zu unterbrechen", schnappte er.

Wie viel von dem, was als nächstes geschah, seine eigene Idee war und wie viel er von Polly bekam, weiß ich immer noch nicht. Minutenlang *dachte* er in die Maschine. Dann schaltete ich um und er lag da und grinste. Schließlich *lag* er so lange und so still da und lauschte, dass ich dachte, er wäre eingeschlafen. Ich begann mich zu entspannen.

Dann schrie Mike und ich sprang wie ein Schuss von meinem Stuhl auf.

„Zieh es aus! Zieh es aus!" er schrie. „Die Marsianer sind hinter mir her!" Er schüttelte den Kopf, aber der Helm blieb auf und wurde vom Kinnriemen gehalten.

Ich habe den Hauptschalter ausgeschaltet und die Röhren wurden dunkel.

„Es ist alles in Ordnung, Mike!" Ich schrie über sein Geschrei hinweg. „Jetzt ist es los!"

"Nein nein Nein!" er murmelte. „Sie kommen durch den Helm! Nimm ihn weg! Nimm ihn weg!"

Ich wusste, dass ich den Helm abnehmen musste, auch wenn es mir nicht gefiel, in seine Nähe zu kommen. Ich griff nach der Schnalle, aber er wirbelte ständig mit dem Kopf hin und her, sodass ich Schwierigkeiten hatte, sie zu fangen, und mich über ihn beugen musste.

Plötzlich schlang sich ein langer Arm um meinen Hals und riss mich aus dem Gleichgewicht. Dann traf mich eine Faust von der Größe eines Schinkens am Kinn, bevor ich überhaupt auf der Hut sein konnte.

Als ich zu mir kam , lag ich in den Kissen und hatte die Luft voll aufgedreht. Das Ablassventil war nicht in meiner Hand, wo es hätte sein sollen.

"Mike!" Ich schrie.

Er steckte seine Zunge zwischen seine Lippen und machte ein unhöfliches Geräusch. Er flickte gerade den gummierten Stoff der anderen Kissen, in denen er eingesperrt gewesen war, und auf seinem Gesicht lag dieser wilde Ausdruck, den ich schon einmal gesehen hatte, wenn eine ordentliche Schlägerei bevorstand.

"Mike!" Ich flehte. „Das kannst du mir nicht antun!"

„Nein? Wenn Polly mich nicht daran erinnert hätte, wäre ich schon da drin."

Er hielt die Kleeblatt-Glücksnadel hoch, die Polly ihm geschenkt hatte, ein kleines Ding, das er immer an seinem Overall befestigt hatte. Es war ihm gelungen, es zu lösen und die pneumatischen Kissen zu durchstechen.

Aber ich hatte keine Glücksnadel. Ich lag hilflos da, während mir all die Geschichten, die ich jemals über die übernatürliche Klugheit von Wahnsinnigen gehört hatte, durch den Kopf gingen. Ich wusste, dass es drei, vielleicht vier Tage dauern würde, bis Bill zurückkam. Keine Chance auf Hilfe von ihm.

Mike öffnete das Hustic- Gehäuse, pfiff dabei den Schlüssel, während er sich bewegte, und ersetzte die ursprüngliche Stangen- und Röhrenabschirmung sowie den Kondensator durch seine selbstgemachten Teile. Dann machte er sich an die Stange, wobei mein empfindlicher und teurer Satz Instrumentenfeilen sie auf der weichen Kupferlegierung völlig ruinierte.

„Sei still, Wahnsinniger!" Er bellte jedes Mal, wenn ich protestierte.

Er verbrachte Stunden damit, an der Stange zu feilen, den Helm aufzusetzen und zu testen, und dann noch mehr zu feilen. Und ich konnte absolut nichts tun. Er hatte so viel Luftdruck in meinen Kissen, dass ich mich nicht einmal winden konnte.

Schließlich probierte er es noch einmal, und dieses Mal löste er den Versuch fast augenblicklich mit einem zufriedenen Lächeln aus .

Als nächstes begann er, die sekundären Stromkreise zu verfolgen, kam aber nicht weit. Jedes Mal, wenn der Professor eine neue Idee hatte, hatten wir die *Banshee neu verkabelt* , indem wir neue Leitungen durch die Schotten verlegten, die alten Schaltkreise jedoch an Ort und Stelle beließen. Die ursprünglichen Schaltpläne waren inzwischen nichts weiter als Propaganda, mit dem aktuellen Blödsinn in meinem und Bills Kopf.

Ich muss hysterisch geworden sein, weil ich dort so hilflos mit einem Verrückten auf freiem Fuß festgehalten wurde, denn als er in das metallene Rattennest hinter der Zählertafel gelangte, musste ich lachen. Dann wünschte ich, ich hätte es nicht getan.

„Schwede", sagte er ernst. „Ich möchte die Spannung verdoppeln und die Stromstärke beim Gleichstrom um acht erhöhen. Ich möchte, dass die Frequenz des Wechselstroms auf mindestens 850 Zyklen erhöht wird, und ich benötige mindestens zweitausend Ehrenwellen an den Magnetflussleitungen."

Ich blinzelte bei diesen Zahlen.

„Jetzt Mike", sagte ich und versuchte ruhig zu bleiben. „Lass mich hier raus und wir reden darüber." Ich hatte einen schweren Schraubenschlüssel im Auge, von dem ich hoffte, dass ich ihn rechtzeitig ergattern konnte.

„Oh nein, Schwede. Du bist verrückt. Ich könnte dich unmöglich freilassen ."

Er lachte über seinen eigenen dummen Witz. „Sag mir, wie man es manipuliert", verlangte er.

„Keine Seife. So viel Überladung würde wahrscheinlich die Rucksäcke und das ganze Schiff in die Luft jagen."

„Das ist eine Chance, die wir nutzen müssen. Um Himmels willen", sagte er, diesmal wirklich ernst. „Es gibt keinen anderen Weg. Jetzt sag es mir."

Ich schüttelte den Kopf.

Anstatt zu streiten, holte er einen Lötkolben hervor und ließ ihn aufheizen.

„Hast du Angst vor mir?" fragte er bedrohlich.

„Nein, Mike. Natürlich nicht. Wir sind Schiffskameraden." Aber es war eine Lüge, eine verdammt große Lüge. Er wusste es und ich wusste es, und ich wusste, dass er es wusste.

Er berührte das Eisen mit seinem nassen Zeigefinger. Es brutzelte.

"Mein!" sagte er und klang wie die sanfte Bedrohung aus einer Gruselshow auf Telaudio . „Was für eine schöne rote Nase wirst du haben – wenn du nicht anfängst zu reden!"

"Mike!" Ich bettelte. „Das kannst du mir nicht antun! Wir sind alte Freunde! Erinnerst du dich?"

Aber er hat es geschafft. Die Spitze des Eisens auf meiner Nasenspitze, und es tat weh. Ich jaulte, hauptsächlich aus völliger Panik und nicht aus Schmerz. Meine Phobie bestand darin, Überstunden zu machen.

"Genug?" er hat gefragt. „Ich werde weitermachen, wenn es sein muss."

Ich habe darüber nachgedacht. So verrückt er auch war, es könnte sein, dass er einen Totalausfall über die Sekundärteile wirft. Spaltpakete halten das nicht aus, ohne zu explodieren. Also habe ich geredet. Einmal habe ich versucht, ihm einen Penner zu geben, der die Strömung drosseln würde, aber er spürte es und winkte mir erneut mit dem Lötkolben zu.

Als er genug Drogen hatte , die er brauchte, nahm er sich die Zeit, mir Salbe auf die Nase zu schmieren. Dadurch sah ich schielend aus und ich wollte die Verbrennung immer noch berühren, aber er weigerte sich, den Druck auch nur so weit zu reduzieren, dass ich einen Arm loslassen konnte.

„Tut mir leid, Schwede", kicherte er. „Es ist zu deinem eigenen Besten. Du bist verrückt, also kann ich kein Risiko eingehen."

"Mich?" Ich brüllte und vergaß für einen Moment sogar meine blasige Nase. Ich habe ihm mehrere Namen gegeben.

Mike lachte – wie verrückt.

„Jetzt müssen wir Bill zurückholen. Wir lassen sogar den Hafen für ihn offen."

Ich fand das gut, bis er eine Flasche Schlafgas aus ihren Halterungen nahm und sie zum Eingang schleppte.

Hustic kann man Bill nicht erreichen ", erinnerte ich ihn. „Benutze das Radio."

„Und lassen Sie ihn wissen, wer sich wie eine Raupe in einem Kokon verhält?" Wieder einmal dachte ich an die übernatürliche Klugheit des Wahnsinns.

Er nahm einige sorgfältige Anpassungen am Hustic vor und legte den Umschalter auf *Senden um* .

Durch die offene Luke konnte ich drei der Marties sehen, die die *Banshee* beobachteten . Wenn es Menschen gewesen wären, hätte ich um Hilfe geschrien, aber bei Marties hätte ich meinen Atem verschwendet.

Mike steigerte die Leistung immer weiter. Seine Lippen waren angespannt und seine Augen blinzelten vor Konzentration. Und dann sah ich, wie sich einer der Marties bewegte. Machen Sie tatsächlich eine ziellose Bewegung. Er trat von einem Fuß auf den anderen. Der zweite drehte seine Hand hin und her, als ob er unruhig wäre. Der Dritte machte ein paar Schritte hin und her. Und die Marsmenschen haben sich einfach nicht so verhalten.

„Sekundäreffekte", grunzte Mike. „Ich bin nicht auf sie eingestellt, aber die Welle schwappt über."

„Häh?"

Mike antwortete nicht. Er saß einfach nur da *und dachte* über den Hustic nach

.

So verging eine Stunde. Dann hörte ich ein Geräusch wie ein ganzer Wald voller wütender Papageien. Es kam aus der Richtung von T'lith und wurde von Minute zu Minute lauter.

Mike blickte auf. „Bill sollte bald hier sein."

Er hatte recht. Ich hörte das Sandbike und dann das Quietschen seiner Bremsen unter der Einstiegsluke.

„Olsen!" Bill schrie, als er hereinkam. „Da draußen ist die Hölle los! Die Marties —"

Ich war einem Verrückten ausgeliefert – und den Marties , die draußen warteten!

"Achtung!" Ich schrie, aber zu spät. Bill keuchte und hatte keine Chance, den Atem anzuhalten, als Mike ihm die Schlafmaske übers Gesicht stülpte. Mike fing ihn auf, als er fiel, und lud ihn in die anderen Kissen.

Draußen müssen sich mindestens hundert grünhäutige Marties herumgetrieben haben. Sie waren Bill von T'lith aus gefolgt und liefen wirklich auf eine höchst unmarsianische Art umher.

„Was hast du gemacht, Mike?" Ich weinte, dann verstand ich, was das Wort „entsetzt" wirklich bedeutet. Das war ich. Entsetzt.

Mike knallte und verfolgte den Backbord, aber selbst durch den isolierten Rumpf konnte ich den Aufruhr draußen hören.

Bill öffnete die Augen, warf mir einen Blick völligen Ekels zu und begann zu kämpfen.

"Mike!" er brüllte. „Holt uns verdammt noch mal hier raus! Lass mich frei! Alle Marsmenschen sind verrückt geworden! Sie haben mich gejagt, verdammt!"

Mike grinste nur, aber angespannt.

„Du hast mich sofort hier rausgelassen!" Bill brüllte. „Verdammt, das ist Meuterei!"

„Oh nein", protestierte Mike. „Ich bin nicht verantwortlich. Ich bin verrückt. Du hast es selbst so ins Protokoll eingetragen."

Wild Bills Gesicht wurde lila. „Dann spreng uns selbst hier raus, bevor sie uns alle töten", jaulte er. „Du hattest Recht! Sie sind auf dem Kriegspfad!"

"NEIN!" Mike lehnte rundweg ab. "Ich bin noch nicht fertig."

Bills Sprache wurde auf gruselige Weise unaussprechlich, und als er sich weigerte, mit dem Schreien aufzuhören, vergaste Mike ihn schließlich erneut.

Dann ging er zurück zum Hustic . Meistens ließ er es auf *Senden* , aber alle paar Minuten wechselte er für ein oder zwei Sekunden zum *Empfangen* . Dann würde er eine weitere winzige Anpassung vornehmen.

Einmal erstarrte er in seinem Stuhl. Einer seiner Arme war halb erhoben und blieb so unnatürlich bewegungslos. Er sah aus wie eine Statue – oder ein Martie – oder jemand, der den bösartigen Trägheitskomplex hatte.

"Mike!" schrie ich, ängstlicher als je zuvor.

Er schüttelte schwindelig den Kopf und legte den Schalter aus der *Empfangsposition* .

„Danke, Schwede", sagte er. „Dieses Ding hätte mich damals fast erwischt, aber jetzt habe ich es."

Er drehte den Einschaltknopf ganz auf. Die Transformatoren heulten unter der Überlastung. Er drückte den Helm fester auf seinen Kopf, stand auf und starrte ausdruckslos auf die Trennwand, als würde er durch den massiven Stahl blicken.

„Hör zu, Ding!" er knurrte.

Ich zitterte. Totaler Wahnsinn.

„Begreifen Sie jeden Gedanken und jedes Wort davon! Sie werden sofort aufhören, die Erde zu stören – *oder ich schieße den Mars in die Luft und Sie beide verschwinden aus dem Universum* !"

Paranoia, dachte ich, Größenwahn. Irgendwie war das schlimmer als alles, was es zuvor gegeben hatte, obwohl das schlimm genug gewesen war.

„ Ich kann den Mars nach Belieben aus dem Universum schleudern – und wenn es weitere Störungen in den Köpfen der Erde gibt, werde ich das tun. Du hast Angst vor mir!"

„ Jetzt nimm das, Ding. Alles davon. Individualität, die Freiheit des unabhängigen, individuellen Handelns, ist das Recht jedes Lebewesens! Das gilt sowohl für Marsmenschen als auch für Erdenmenschen.

„ Du wirst aufhören, das zu sein, was du geworden bist. Du wirst keine Entscheidungen mehr für irgendjemanden treffen. Du wirst wieder das sein, was du sein solltest, nur noch eine Informationsquelle. Du wirst keine Entscheidungen mehr treffen, keine Aktivitäten mehr dominieren." und geben Informationen nur auf Anfrage weiter.

„ Sie werden die Ideen, von denen Sie durchdrungen sind, völlig vergessen, insbesondere die Vorstellung, dass die Eliminierung aller Aktivitäten, die nicht unbedingt zum Überleben notwendig sind, das Ziel der Existenz ist.

„ Hier sind die Daten, die Sie allen Marsmenschen auf deren geistige Bitte hin mitteilen werden. Aber Sie werden sie nur zur Information weitergeben und nicht ihre Entscheidungen über ihr Verhalten treffen. "

Banshee plapperten und heulten , während Bill in einem Satz Schockkissen schnarchte und ich hilflos im anderen Satz lag, stand Terence Michael Burke mit dem Hustic- Helm auf dem Kopf und rezitierte die gesamte Poesie aus dem Gedächtnis er hatte jemals geschrieben – und davon gab es eine Menge. Zu viel und alles sehr emotional. Meistens ging es um romantische Liebe oder epische Schlachten oder beides.

Als das fertig war, begann er, jeden Fetzen der Drucksachen zu lesen, die wir an Bord hatten, sogar die Astrogationstabellen und einen Satz siebenstelliger Logarithmen. Bis dahin war mir nicht klar geworden, was für eine vollständige, aber heterogene Bibliothek Mike in verschiedenen Ecken und Winkeln rund um das Schiff verstaut hatte. Es gab Geschichtsbände und Verträge über Wirtschaftstheorie, einige Dramen, ein Lehrbuch über Psychologie und ein übermütiges Werk über ethisches Denken. Dann holte er meine technischen Standardreferenzen hervor, einschließlich der Handbücher zu Wilson-Treibern und dem Betrieb von Kernkraftwerken.

Danach beschäftigte er sich mit den Romanen, und ich glaube, das hat den größten Schaden angerichtet. Bei den meisten davon handelte es sich entweder um wilde Abenteuergeschichten oder um unheilbare Romantik, und fast alle waren von Iren geschrieben worden, die die Welt genauso aufgeregt und hochemotional sahen wie Mike selbst. Natürlich gab es eine vollständige Sammlung von Donn Byrnes Werken, denn Mike schwor, Byrne sei der größte Schriftsteller, der je gelebt habe.

Und es gab einen Nachdruck von etwas namens WARLORD OF MARS, das von einem Kollegen namens Burroughs vor langer Zeit vor der Raumfahrt geschrieben wurde. Als die Romane erschöpft waren, kamen eine Reihe von Science-Fiction-Magazinen, hauptsächlich die Exemplare von

PLANET STORIES, die er während unserer langen Venusreise verpasst hatte.

Schließlich gab es noch eine Zeitung, die wir kurz vor dem Start am Raumhafen mitgebracht hatten. Er las es Seite für Seite und Spalte für Spalte, einschließlich der Ratschläge für die Liebeskummer-Rubrik, der Comics, der Leitartikel und aller Anzeigen. Seine Stimme dröhnte stundenlang, während die Hustic- Transformatoren heulten und die Luft im Schiff mit den beißenden Dämpfen überhitzter Isolierung beschlagen war und ich mich in kalten Schweiß schwitzte. Die ganze Szene hatte die Irrationalität eines Albtraums. Aber ich war wach und wusste es und wünschte nur, ich würde das Ganze träumen.

Dann, unweigerlich bei dieser Überlastung, stieß der Hustic schwarzen Rauch aus. Der Stromstoß, der durch die Kabel zurückschoss, verbogen die Zeiger des Messgeräts um ihre Anschlagstifte, und im Bauch des Schiffs knisterten und knisterten die Stromaggregate. Aber irgendwie sind sie nicht explodiert.

Mike taumelte und bedeckte sein Gesicht mit seinen Händen. Er fiel auf die Knie und für einen Moment dachte ich, der Strom sei dem Helmkabel gefolgt und hätte ihn durch einen Stromschlag getötet.

Doch er ergriff eine Stütze und richtete sich auf. Sein Gesicht war ausgemergelt und hager, aber in seinen blutunterlaufenen Augen lag ein wild triumphierender Glanz und auf seinen Lippen ein verzerrtes Grinsen.

Dann bekam ich den schlimmsten Schrecken von allen, als er auf mich zutaumelte und in seiner Tasche nach dem Federöffnermesser kramte, das er immer bei sich trug. Ich schloss meine Augen und wartete auf das Ende.

Aber er hat mich nicht erstochen. Stattdessen strömte die Luft aus meinen Kissen, als er den Stoff zerriss. Dann drehte er sich um und riss Bill die Schlafmaske vom Gesicht.

Ich bin rausgeklettert. Meine Beine fühlten sich gummiartig an, weil ich so lange in den Kissen eingeklemmt war, aber ich schaffte es, hinüberzustolpern und Bills Luftablassventil zu drehen, gerade als Mike auf dem Deck zusammenbrach.

Bill öffnete die Augen. "Was zum-?"

Dann erinnerte er sich, was passiert war, und hörte, wie die Marties draußen immer noch auf äußerst unangenehme Weise heulten.

„Lass uns hier verschwinden!" er brüllte.

Wir gingen mit Bill am Gashebel und mir unten im Antriebsraum mit dem tragbaren Notstromaggregat und einer Handvoll Drähten raus, um die Wilsons zum Abfeuern zu bringen. Mike lag bewusstlos auf dem Boden des Kontrollraums. Mit einem Rauschen und Sturzflug gingen wir in einer unkontrollierten Schrägkurve davon, und nur die geringe Schwerkraft von 0,38 und die Fluchtgeschwindigkeit des Mars von 5,1 Meilen pro Sekunde hielten uns am Leben.

Sobald wir aus der Fluchtspirale herausgekommen waren, drängten Bill und ich Mike in die Kissen. Es war nicht nötig, ihn zu vergasen, denn obwohl er das Bewusstsein wiedererlangt hatte , wehrte er sich überhaupt nicht. Stattdessen verfiel er in einen langen, normalen Schlaf, zweimal rund um die Uhr, als wäre er völlig erschöpft.

Diese Reise verfolgt mich immer noch in Albträumen. Alles, was von den Nebenaggregaten angetrieben wurde – was fast alles außer den Hauptantrieben bedeutete – war tot. Mike hatte das wirklich behoben.

Dann brannte einer der Wilsons einen Liner nieder, und voller Bedenken mussten wir Mike freilassen. Uns gefiel die Idee nicht, eine Flugbahn auf Leistungseinstellungen zu verteilen, die von einem Verrückten erstellt wurden, aber die Berechnungen für unausgeglichenen Antrieb erforderten seine astrogatorischen Fähigkeiten. Da der mechanische Astroplotter außer Betrieb war, war es für Bill und mich zu viel.

Er wurde nicht gewalttätig, also überließen wir ihm danach die Kontrolle über das Schiff, ließen ihn aber natürlich nie allein auf der Wache. Er schien harmlos zu sein und verbrachte die meiste Zeit an einer Schreibmaschine, die er für den Betrieb in variabler Schwerkraft umgebaut hatte. Er schrieb ein paar Gedichte an und über Polly. Der übliche Brei.

Dann schrieb er eine Geschichte. Vielleicht habe ich schon erwähnt, dass er Ablehnungsbelege gesammelt hat. Bill und ich lachten, als wir es lasen, weil es für eine Veröffentlichung viel zu weit hergeholt war. Alles dreht sich um ein mysteriöses künstliches Gehirn – er gab nicht an, ob es sich um ein tierisches, pflanzliches oder mineralisches Gehirn handelt –, das erfunden wurde, um als eine Kombination aus Taschenrechner und Nachschlagewerk zu dienen und an einer Form der Telepathie zu arbeiten. Aber die Lebewesen, für die es gebaut wurde, nutzten es immer mehr, um ihre Probleme zu lösen, anstatt sie selbst zu lösen. Nach ein paar Generationen wurden die Kreaturen zu nichts weiter als Augen und Hände für das Gehirn, das ihr gesamtes Denken und alle ihre Entscheidungen überließ.

Und weil das Ding sich jeder Empfindung eines ganzen Planeten voller Kreaturen bewusst war, wurde es der Verarbeitung irrelevanter Informationen sehr müde und begann die Idee zu verbreiten, dass jeder

Gedanke oder jede Handlung, die nicht unbedingt überlebenswichtig sei, falsch sei und unterdrückt werden sollte und dass Emotionen – die die Übermittlung sachlicher Daten beeinträchtigten, waren unvorstellbar degeneriert und sollten um jeden Preis gemieden werden. Nach ein paar weiteren Generationen merkten die Kreaturen nicht einmal, dass sie von dem Ding kontrolliert wurden, hatten sogar seine Existenz vergessen und glaubten, seine Gedanken und Entscheidungen seien ihre eigenen.

Das war die Geschichte.

Dann machte er sich an die ausgebrannten Ruinen des Hustic und fertigte einen Stapel Grafiken an, alle in fünf und sechs Farben. Sie waren zu komplex für Bill oder mich.

Ein paar Tage außerhalb der Erde hob mich ein besorgter Bill mitten in meiner Freizeit auf und deutete auf die vordere Sichttafel. Dort kamen von der einladenden blaugrünen Erdkugel dreißig dicht gruppierte orangefarbene Flecken auf uns zu. Fackeln des Raumschifffahrers.

Auch Mike warf einen Blick darauf, dann hielt er beide Hände mit ausgestreckten Zeigefingern an die Stirn und wedelte damit zu uns. Als ich auf die Idee kam , war ich nicht glücklich darüber. Die wackelnden Finger bedeuteten Antennen. Marsmenschen.

Bill und ich haben an unseren Fingernägeln gekaut. Die arme *Banshee* konnte weder rennen noch kämpfen. Aber die Marsschiffe flogen einfach vorbei, ohne auch nur den Versuch zu unternehmen, über das Luminophon Kontakt zu uns aufzunehmen . Mike grinste nur.

Wegen des ausgebrannten Fahrers landeten wir holprig, aber als die Dinge aufhörten zu hüpfen , waren wir alle in der Lage, davonzuhumpeln.

Mike sah, wie das Auto draußen anhielt und öffnete die Luke, bevor wir ihn aufhalten konnten.

Telaudio- Show zensiert worden wäre . Sie war nicht mehr das blasse, verhaltene, von Trägheit geplagte Mädchen von ein paar Monaten zuvor. Gar nicht.

Der Professor tanzte aufgeregt hinter ihr auf und ab und versuchte, eine von Mikes Händen zu schütteln.

„Du hast es geschafft, Liebling!" Polly ließ ihre Lippen lange genug los, um es zu sagen. „Sie sind alle weg! Und der Komplex auch."

„Häh?" Bill und ich starrten.

Dann packte Bill seinen Bruder.

„Du meinst, Mike ist nicht –?“ er begann.

„Natürlich nicht“, schnappte der Professor. „Das war er nie.“ Dann wandte er sich an Mike.

„Welche Kapazität haben Sie verwendet, als Sie die Strahlung des Dings aufgefangen haben?“ er forderte an. „Welcher Leistungsfaktor? Welche Wellenform? Sinuswelle oder Flat Top oder Sägezahn? Hatten Sie das Transportnetz abgeschirmt oder haben Sie eine Reinduktionsrückmeldung erhalten?“

"Vater!" Sagte Polly streng. "Später!"

Mike griff in seine Tasche und reichte dem Professor seine schicken Grafiken, der sie anscheinend auf den ersten Blick verstand.

„Oh“, sagte er. „Hier gibt es gerade genug Ähnlichkeit der Wellenform, sodass die auf die Kulturbotschafter gerichteten telepathischen Trägheitseinflüsse in ihren Empfangsorganen überlagern und genau nach einem verallgemeinerten menschlichen Gehirnwellenmuster wieder ausgesendet werden.“

„Und dieser provisorische Kapazitätsbalken, den Sie montiert haben, hat das Gerät zufällig für die Wellenform des Dings sensibilisiert.“

Wir hörten zu, aber in diesem Moment interessierte sich Mike mehr für Polly. Dabei bewies er einen gesunden Menschenverstand.

Bills *Banshee III* und mein *Thor* sind gleichzeitig zwischendurch unterwegs, daher war es nur natürlich, dass wir uns gestern Abend trafen. Und als wir Miu Tlenow , den venusischen Katzenmenschen, trafen, war es auch selbstverständlich, dass wir uns sofort auf den Weg zur Ursa Major Taverne machten.

„ Mewargh !“ Tlenow schnurrte und streckte genüsslich seine klauenartigen Fingernägel aus und zurück, als der zweite Drink einsetzte. „Wirklich, es ist gut, aus diesem Irrenhaus wegzukommen.“

„Welches Irrenhaus?“ fragte Bill.

"Mars."

Wir setzten uns aufrechter hin. Irgendwie hatten wir in den fünf Jahren, die ohne authentische Nachrichten vom Roten Planeten vergangen waren, angenommen, dass sich die Dinge dort wieder zu einer langsamen, lethargischen Normalität eingependelt hatten. Wir hatten die volle Wirkung von Mike, die durch den Hustic verstärkt wurde, nicht erkannt .

„Diese Marsianer!" Tlenow miaute, seine Schnurrhaare zuckten vor Aufregung und Abscheu. „Sie sind verrückt. Alle verrückt. Sie paaren sich, aber sie nutzen keinen Sinn dafür, wie sie sich paaren. Wie Erdenmenschen. Solche Komplikationen! Sie haben viele verschiedene Regierungen mit hundert verschiedenen politischen Parteien, und sie reden und reden, wählen und wählen. Sie argumentieren.

„Dinge wie die Handschuhe der Erdenmenschen stellen sie her. Natürlich passen sie nicht in Marshände und sie tragen sie nur, um sich gegenseitig ins Gesicht zu schlagen. Dann liefern sie sich Duelle."

„Sie machen Schnaps und trinken ihn und wie wahnsinnig betrunken sie werden. Dann, Great Space, versuchen sie sogar zu singen!"

„Sie machen Witze und spielen auch Streiche, was sie noch nie zuvor getan haben."

Tlenow hatte vor Erstaunen über solch ein unlogisches Marsverhalten schmale Augen.

„Sie tun dies an einem Tag, tun jenes am nächsten. Immer werden sie eher wie Venusianer oder Erdenmenschen, nur dass sie nicht so viel Verstand haben. Was sie morgen tun werden, kann man nie sagen."

Er trank seinen Drink aus und beugte sich vor.

„Sie machen das Schreiben – zu viel Schreiben – alles schriftlich – und das alles auf eine komische Art. Was ihr Erdenmenschen – glaube ich – Poesie nennt. Ja, das ist es. Poesie. Und jeder Tag wird schlimmer. So etwas machen sie noch nie zuvor . Bei den Sieben Schwarzen Kometen, wie kommen sie dorthin?"

Da wussten Bill und ich, dass wir unser Schweigen brechen mussten.

Die Marties haben also noch nicht gelernt, selbstständig zu denken. Fünf Jahre sind schließlich eine sehr kurze Zeit. Vielleicht eines Tages . Mittlerweile sind sie nichts weiter als Widerspiegelungen der eher hemmungslosen und im Allgemeinen verrückten Aspekte der Persönlichkeit von Terence Michael Burke . Und ich fürchte, sie werden seine verstörenden Vorstellungen von Humor teilen.

Wollen wir etwas mit ihnen zu tun haben? Ehrlich gesagt weiß ich es nicht. Es liegt an Ihnen, Bürger der Erde, wenn Sie über den neuen Vertrag abstimmen.

Aber sagen Sie nicht, ich hätte Sie nicht gewarnt.

www.ingramcontent.com/pod-product-compliance
Lightning Source LLC
Chambersburg PA
CBHW051410130726
47987CB00007B/2942